WELKOM BIJ DE ZORGVULDIG
ONDERZOCHTE EN VERPAKTE

INTENSIEF
SCHRIJVEN

&

PUBLICEREN
CURSUS

VAN DE

NIEUWE DIMENSIE CHRISTELIJKE SCHRIJVERSVER ENIGING –

EEN DIVISIE VAN NIEUWE DIMENSION CHAPLAINS INITIATIVE INC

HOOFDKANTOOR:
LAGOS, NIGERIA.

CURSUSOVERZICHTEN VOOR ZEER ONDERZOEKEN **INTENSIEVE CURSUS SCHRIJVEN EN PUBLICEREN**

Cursus 1: De basisprincipes van schrijven

In deze cursus worden de basisbeginselen van het schrijven behandeld, zoals grammatica, interpunctie en stijl. Studenten leren hoe ze duidelijke, beknopte en boeiende zinnen en paragrafen kunnen schrijven. Ze leren ook hoe ze hun schrijven op een logische manier kunnen structureren.

Cursus 2: Karakterontwikkeling

Deze cursus zal zich richten op het creëren van geloofwaardige en gedenkwaardige karakters. Studenten leren hoe ze de achtergrondverhalen, motivaties en persoonlijkheden van hun personages kunnen ontwikkelen. Ze zullen ook leren hoe ze een dialoog kunnen schrijven die natuurlijk en geloofwaardig is.

Cursus 3: Plot en structuur

Deze cursus leert studenten hoe ze een meeslepend plot

kunnen creëren en hun verhaal kunnen structureren op een manier die de lezers betrokken houdt. Studenten leren hoe ze conflicten, spanning en oplossing kunnen creëren. Ze zullen ook leren hoe ze voorafschaduwing en andere literaire middelen kunnen gebruiken om een gevoel van mysterie en intriges te creëren.

Cursus 4: Wereldopbouw

Deze cursus leert studenten hoe ze een geloofwaardige en meeslepende wereld voor hun verhalen kunnen creëren. Studenten leren kaarten, culturen en religies voor hun werelden te creëren. Ze leren ook hoe ze taal kunnen gebruiken om een gevoel van plaats en sfeer te creëren.

Cursus 5: Zelfbewerking

Deze cursus leert studenten hoe ze hun

eigen schrijven kunnen bewerken voor duidelijkheid, grammatica en stijl. Studenten leren hoe ze fouten in hun schrijven kunnen identificeren en corrigeren. Ze zullen ook leren hoe ze hun schrijven kunnen verbeteren door sterkere werkwoorden, levendiger beeldmateriaal en beknopter taalgebruik te gebruiken.

Cursus 6: Marketing en promotie

Deze cursus leert studenten hoe ze hun boeken op de markt kunnen brengen en promoten. Studenten leren hoe ze een website kunnen maken, een publiek kunnen opbouwen en hun boeken kunnen verkopen. Ze leren ook hoe ze sociale media kunnen gebruiken om hun boeken te promoten.

Dit zijn slechts enkele voorbeelden van

cursusoverzichten voor beginnende auteurs. De specifieke cursussen die u aanbiedt, zijn afhankelijk van uw eigen interesses en expertise. Deze cursussen geven je echter een goede basis in de basisbeginselen van schrijven en marketing.

Naast deze cursussen wordt van de studenten verwacht dat ze deelnemen aan een reeks workshops of mentorprogramma's voor bestverkopende auteurs. Dit is een geweldige manier om aspirant-schrijvers één-op-één begeleiding en

ondersteuning te
bieden .

Ik hoop dat dit helpt!

CURSUS 1

DE BASIS

1.1. WAT IS EEN BOEK?

1.2. SOORTEN BOEKEN

1.2.1. NON-FICTIE SCHOOLBOEKEN

BIOGRAFIEËN

ANTHOLOGIËN, ENZ.

BOEKEN MET LAGE INHOUD

- ## WERKBOEKEN
- ## HANDLEIDINGEN
- ## TIJDSCHRIFTEN

- **AGENDA'S EN LOGBOEKEN**

.

- **AANPASSING EN**
- **VERKORTE SERIE, ENZ**

BIOGRAFIE S

Er zijn veel voordelen aan het publiceren van

biografieën. Hier zijn er een aantal:

Geschiedenis documenteren: Biografieën kunnen de levens van belangrijke mensen en gebeurtenissen documenteren en hun verhalen bewaren voor toekomstige generaties. Dit kan vooral waardevol zijn voor mensen die een belangrijke bijdrage hebben geleverd aan de samenleving of die belangrijke historische gebeurtenissen hebben meegemaakt. Anderen inspireren: Biografieën kunnen anderen inspireren door hen te laten zien hoe gewone mensen buitengewone dingen kunnen bereiken. Ze kunnen ook inzicht verschaffen in de uitdagingen en triomfen van het leven, wat nuttig kan zijn voor mensen die met hun eigen uitdagingen worden geconfronteerd. Lezers opleiden: Biografieën kunnen lezers informeren over verschillende culturen, tijdsperioden en levenswijzen. Ze kunnen ook inzichten verschaffen in de menselijke conditie, waardoor lezers zichzelf en anderen beter kunnen begrijpen. Lezers vermaken: Biografieën kunnen zowel vermakelijk als leerzaam zijn. Ze kunnen verhalen

vertellen die zowel fascinerend als informatief zijn. Dit maakt ze een geweldige manier om de wereld te leren kennen en tegelijkertijd te genieten van een goed boek.
Sociale verandering

bevorderen: Biografieën kunnen sociale verandering bevorderen door de verhalen te benadrukken van mensen die hebben gevochten voor gerechtigheid en gelijkheid. Ze kunnen ook het bewustzijn over belangrijke kwesties vergroten en anderen inspireren om actie te ondernemen.

Over het algemeen bieden biografieën een aantal voordelen. Ze kunnen de geschiedenis documenteren, anderen inspireren, lezers opleiden, lezers vermaken en sociale verandering bevorderen. Als u geïnteresseerd bent in het schrijven van een biografie, moedig ik u aan om dat te doen. Het kan een lonende ervaring zijn waar zowel u als uw lezers profijt van zullen hebben.

1.2. WAT IS BOEKENSCHRIJVEN?

1.3. WAT ZIJN DE BELANGRIJKSTE ONDERDELEN VAN EEN BOEK?

De belangrijkste delen van een boek zijn de delen die de lezer betrokken en geïnteresseerd houden. Dit kan variëren afhankelijk van het genre van het boek, maar enkele veelvoorkomende elementen die in de meeste boeken belangrijk zijn, zijn onder meer:

De plot: De plot is de ruggengraat van elk boek. Het is het verhaal dat het boek vertelt, en het is wat de lezer ertoe aanzet de bladzijden om te slaan. De plot moet een goed tempo hebben, met voldoende wendingen om de lezer te laten raden.

De personages: De personages zijn de mensen die de wereld van het boek bewonen. Zij zijn degenen met wie de lezer verbinding zal maken, dus het is belangrijk om ze goed ontwikkeld en herkenbaar te maken. De personages moeten duidelijke doelen en motivaties hebben, en ze moeten uitdagingen aangaan die de lezer kan overwinnen.

De setting: De setting is de wereld waarin het boek zich afspeelt. Het kan een echte plaats zijn of een fictieve plaats, maar het moet goed worden beschreven, zodat de lezer zich er een beeld van kan vormen. De setting moet ook relevant zijn voor de plot en de personages, en moet helpen een gevoel van sfeer te creëren.

De schrijfstijl: De schrijfstijl is de

manier waarop het boek is geschreven. Het is de stem van de auteur en dat maakt het boek uniek. De schrijfstijl moet duidelijk, beknopt en boeiend zijn. Het moet ook passen bij het genre van het boek.

De thema's: De thema's zijn de onderliggende boodschappen van het boek. Zij zijn wat het boek over de wereld probeert te zeggen. De thema's moeten duidelijk en goed ontwikkeld zijn en relevant zijn voor de plot en de personages.

Dit zijn slechts enkele van de belangrijkste delen van een boek. De specifieke elementen die het belangrijkst zijn, variëren afhankelijk van het genre van het boek, maar dit zijn enkele van de elementen die essentieel zijn voor elk goed boek.

1.4. WAT ZIJN DE KENMERKEN VAN GOEDE COMMUNICATIE?

Goede communicatie is essentieel voor succes op alle gebieden van het leven. Het stelt ons in staat om contact te maken met anderen, onze ideeën te delen en relaties op te bouwen. Er zijn veel kenmerken van goede communicatie, maar enkele van de belangrijkste zijn:

Duidelijkheid:
Goede
communicatie is
duidelijk en
gemakkelijk te
begrijpen. De
afzender moet zijn
ideeën kunnen
uiten op een
manier die de
ontvanger

gemakkelijk kan begrijpen.

Coherentie: Goede communicatie is coherent en logisch. De ideeën van de afzender moeten soepel vloeien en zinvol zijn.

Beknoptheid: Goede

communicatie is beknopt en to the point. De afzender moet onnodige woorden of details vermijden.

Relevantie: Goede communicatie is relevant voor het betreffende onderwerp. De afzender moet voorkomen dat hij te ver gaat of irrelevante informatie introduceert.

Nauwkeurigheid: Goede communicatie is accuraat en waarheidsgetrouw. De afzender moet vermijden valse of misleidende verklaringen af te leggen.

Empathie: Goede communicatie is empathisch en houdt rekening met de gevoelens van de ontvanger. De afzender moet zich bewust zijn van hoe zijn woorden door de ontvanger kunnen worden waargenomen en zijn communicatie dienovereenkomst ig aanpassen.

Respect: Goede communicatie is respectvol en houdt rekening met het perspectief van de ontvanger. De afzender moet vermijden neerbuigend of neerbuigend te zijn.

Openheid: Goede communicatie is open en eerlijk. De afzender moet bereid zijn zijn gedachten en gevoelens met de ontvanger te delen, ook al zijn deze moeilijk om over te praten.

Naast deze kenmerken wordt goede communicatie ook gekenmerkt door actief luisteren, rekening houden met lichaamstaal en zich bewust zijn van de context van de communicatie. Door deze principes te volgen, kunt u uw communicatieve vaardigheden verbeteren en sterkere relaties met anderen opbouwen.

1.5. HOE BESCHERM JE HET AUTEURSRECHT VAN EEN AUTEUR?

Auteursrecht is een wettelijk recht dat originele werken beschermt, waaronder literaire, dramatische, muzikale en artistieke werken, zoals poëzie, romans, films, liedjes, computersoftware en architectuur. Auteursrecht beschermt de uitdrukking van een idee, niet het idee zelf.

In de Verenigde Staten is de bescherming van het auteursrecht automatisch. Zodra u een auteurswerk maakt, bezit u het auteursrecht erop. Het is niet nodig om uw auteursrecht te registreren bij het US Copyright Office, maar dit kan wel enkele extra voordelen opleveren.

Hier zijn enkele manieren waarop een schrijver zijn auteursrecht kan beschermen:

Markeer uw werk met het copyright-symbool (©). Dit is niet verplicht, maar het is een goede manier om anderen te laten weten dat er auteursrecht op uw werk rust.

Voeg een copyrightvermelding toe. Dit moet het copyright-symbool, het jaar van eerste publicatie en uw naam bevatten.

Bewaar een kopie van uw werk. Hiermee kunt u bewijzen dat u de oorspronkelijke auteur van het werk bent.

Registreer uw auteursrecht bij het US Copyright Office. Dit is niet vereist, maar het kan enkele extra voordelen bieden, zoals de mogelijkheid om een rechtszaak aan te spannen wegens inbreuk op het auteursrecht.

Als u van mening bent dat uw auteursrecht is geschonden, kunt u een rechtszaak wegens inbreuk op het auteursrecht indienen. U kunt ook een lastenbrief naar de inbreukmaker sturen , waarin u eist dat hij stopt met het gebruik van uw werk.

Hier zijn enkele aanvullende tips voor het beschermen van uw auteursrecht:

Houd uw werk veilig. Bewaar uw werk op een veilige plaats en zorg ervoor dat alleen geautoriseerde personen er toegang toe hebben.

Wees voorzichtig met het delen van uw werk. Voordat u uw werk met iemand deelt, moet u ervoor zorgen dat u de voorwaarden van de deelovereenkomst begrijpt.

Gebruik watermerken en andere technieken om uw werk online te beschermen. Dit kan het voor mensen moeilijker maken om uw werk zonder uw toestemming te kopiëren.

Door deze tips te volgen, kunt u uw auteursrecht helpen beschermen en ervoor zorgen dat uw werk wordt beschermd.

1.6. WAT ZIJN DE KENMERKEN VAN PLAGIASME

Plagiaat is het gebruiken van het werk of de ideeën van iemand anders, zonder dat daar de eer aan wordt gegeven. Het is een ernstig academisch misdrijf dat ernstige gevolgen kan hebben.

De gevolgen van plagiaat kunnen variëren afhankelijk van de ernst van het misdrijf en de instelling waar het plaatsvindt. Enkele veelvoorkomende gevolgen zijn echter:

Het niet halen van de opdracht of cursus.

Een onvoldoende cijfer krijgen voor de opdracht of cursus.

Wordt op academische proeftijd geplaatst.

Van school
gestuurd worden.

Een baan of
studiebeurs verliezen.

Wordt aangeklaagd
wegens inbreuk op
het auteursrecht.

Naast academische
gevolgen kan plagiaat
ook professionele en

persoonlijke gevolgen hebben. Een plagiaat kan bijvoorbeeld door uitgevers of werkgevers op de zwarte lijst worden geplaatst. Ze kunnen ook het vertrouwen van hun collega's en vrienden verliezen.

Er zijn een aantal dingen die schrijvers kunnen doen om plagiaat te voorkomen. Deze omvatten:

Het correct vermelden van hun bronnen.

Het gebruik van aanhalingstekens bij het citeren van de woorden van iemand anders.

Het parafraseren van de ideeën van iemand anders in zijn eigen woorden.

Vermijden om het werk van iemand anders te gebruiken

zonder hem/haar de eer te geven.

Als u niet zeker weet of iets plagiaat is, kunt u altijd het beste voorzichtig zijn en uw bronnen vermelden. Door deze tips te volgen, kunt u plagiaat helpen voorkomen en uw academische en

professionele
reputatie
beschermen.

Hier zijn enkele
aanvullende tips om
plagiaat te
voorkomen:

Wees voorzichtig met
het gebruik van
online bronnen. Niet

alle online bronnen zijn betrouwbaar en sommige bevatten mogelijk geplagieerde inhoud.

Gebruik een plagiaatcontrole. Er zijn online een aantal plagiaatcontroleurs beschikbaar die u kunnen helpen plagiaat in uw werk te identificeren.

Vraag hulp aan een bibliothecaris of schrijfleraar. Bibliothecarissen en schrijfdocenten kunnen u helpen plagiaat te begrijpen en in uw werk te voorkomen.

Door deze tips te volgen, kunt u ervoor zorgen dat uw werk origineel is en plagiaat voorkomt.

CURSUS 2

BOEKONTWIKKE LING

VOORDELEN VAN ZELF SCHRIJVEN

VOORDELEN VAN HET GEBRUIK VAN FREELANCERS

VOORDELEN VAN HET GEBRUIK VAN KUNSTMATIGE INTELLIGENTIE

Snelheid: AI kan een boek veel sneller schrijven dan een menselijke schrijver. Dit kan een groot voordeel zijn als u een krappe deadline heeft of als u een grote hoeveelheid inhoud moet produceren.

Nauwkeurigheid: AI kan zeer nauwkeurig schrijven. Dit komt omdat het is getraind op grote datasets van tekst en code, waardoor het de patronen van menselijke taal kan leren.

Originaliteit: AI kan originele inhoud genereren die niet is geplagieerd. Dit komt omdat het niet wordt beperkt door dezelfde beperkingen als menselijke schrijvers.

Creativiteit: AI kan creatief zijn in het

schrijven. Dit komt omdat het nieuwe ideeën en concepten kan genereren waar menselijke schrijvers misschien niet aan hebben gedacht.

Nadelen:

Gebrek aan menselijke aanraking: Door AI gegenereerde tekst kan soms de menselijke aanraking missen die schrijven boeiend en interessant maakt. Dit komt omdat AI niet in staat is de nuances van de menselijke taal en cultuur op dezelfde manier te begrijpen als een menselijke schrijver dat kan.

Bias: AI kan bevooroordeeld zijn in haar schrijven. Dit komt omdat het is getraind op datasets die vooroordelen kunnen bevatten. Als een AI bijvoorbeeld wordt getraind op een dataset met tekst die grotendeels door mannen is geschreven, is de kans groter dat er tekst wordt gegenereerd die op mannen gericht is.

Kosten: Door AI gegenereerde tekst

kan duur zijn om te produceren. Dit komt omdat hiervoor krachtige computers en gespecialiseerde software nodig zijn .

Uiteindelijk is de beslissing of je een AI wel of niet vraagt om een boek voor je te schrijven een persoonlijke beslissing. Er zijn zowel voor- als nadelen waarmee u rekening moet houden, en de beste optie voor u hangt af van uw specifieke behoeften en doelen.

Hier volgen enkele aanvullende zaken waarmee u rekening moet houden als u besluit of u een AI wel of niet vraagt een boek voor u te schrijven:

Het type boek dat u wilt schrijven: Sommige soorten boeken zijn beter geschikt voor door AI gegenereerde tekst dan andere. Door AI gegenereerde tekst kan bijvoorbeeld goed passen bij non-fictieboeken of bij boeken die veel onderzoek vergen. Door AI gegenereerde tekst is echter mogelijk niet geschikt voor fictieboeken of voor boeken die veel creativiteit vereisen.

Uw budget: Door AI gegenereerde tekst kan duur zijn om te produceren. Als je een beperkt budget hebt, kun je andere opties overwegen , zoals het inhuren van een menselijke schrijver of het in eigen beheer uitgeven van je boek.

Uw persoonlijke voorkeuren: Sommige mensen geven de voorkeur aan de menselijke aanraking van een menselijke schrijver, terwijl anderen zich meer op hun gemak voelen bij door AI gegenereerde tekst. Uiteindelijk is de beslissing of je een AI wel of niet vraagt om een boek voor je te schrijven een persoonlijke beslissing.

Snelheid: AI kan een boek veel sneller schrijven dan een menselijke schrijver. Dit kan een groot voordeel zijn als u een krappe deadline heeft of als u een grote hoeveelheid inhoud moet produceren.

Nauwkeurigheid: AI kan zeer nauwkeurig schrijven. Dit komt omdat het is getraind op grote datasets van tekst en code, waardoor het de patronen van menselijke taal kan leren.

Originaliteit: AI kan originele inhoud genereren die niet is geplagieerd. Dit komt omdat het niet wordt beperkt door dezelfde beperkingen als menselijke schrijvers.

Creativiteit: AI kan creatief zijn in het schrijven. Dit komt omdat het nieuwe ideeën en concepten kan genereren waar menselijke schrijvers misschien niet aan hebben gedacht.

Nadelen:

Gebrek aan menselijke aanraking: Door AI gegenereerde tekst kan soms de menselijke aanraking missen die schrijven boeiend en interessant maakt. Dit komt omdat AI niet in staat is de nuances van de menselijke taal en cultuur op dezelfde manier te begrijpen als een menselijke schrijver dat kan.

Bias: AI kan bevooroordeeld zijn in haar schrijven. Dit komt omdat het is getraind op datasets die vooroordelen

kunnen bevatten. Als
een AI bijvoorbeeld
wordt getraind op
een dataset met tekst
die grotendeels door
mannen is
geschreven, is de
kans groter dat er
tekst wordt
gegenereerd die op
mannen gericht is.

Kosten: Door AI gegenereerde tekst kan duur zijn om te produceren. Dit komt omdat het het gebruik van krachtige computers en gespecialiseerde software vereist.

Uiteindelijk is de beslissing of je een AI

wel of niet vraagt om een boek voor je te schrijven een persoonlijke beslissing. Er zijn zowel voor- als nadelen waarmee u rekening moet houden, en de beste optie voor u hangt af van uw specifieke behoeften en doelen.

Hier volgen enkele aanvullende zaken waarmee u rekening moet houden als u besluit of u een AI wel of niet vraagt een boek voor u te schrijven:

Het type boek dat u wilt schrijven: Sommige soorten boeken zijn beter geschikt voor door AI gegenereerde tekst dan andere. Door AI gegenereerde tekst kan bijvoorbeeld goed passen bij non-fictieboeken of bij boeken die veel onderzoek vergen. Door AI gegenereerde tekst is echter mogelijk niet geschikt voor fictieboeken of voor boeken die veel creativiteit vereisen.

Uw budget: Door AI gegenereerde tekst kan duur zijn om te produceren. Als je een beperkt budget hebt, kun je andere opties overwegen, zoals het inhuren van een menselijke schrijver of het in eigen beheer uitgeven van je boek.

Uw persoonlijke voorkeuren:
Sommige mensen geven de voorkeur aan de menselijke

aanraking van een menselijke schrijver, terwijl anderen zich meer op hun gemak voelen bij door AI gegenereerde tekst. Uiteindelijk is de beslissing of je een AI wel of niet vraagt om een boek voor je te schrijven een

persoonlijke
beslissing.

WAT TE DOEN NA HET GEBRUIK VAN KUNSTMATIGE INTELLIGENTIE?

Er zijn veel inputs die een auteur vanuit menselijk perspectief kan leveren nadat kunstmatige intelligentie een boek voor hem of haar heeft geschreven.

Hier zijn enkele van de input die een auteur kan geven:

Geef feedback op de inhoud: De auteur kan feedback geven op de inhoud van het boek, inclusief de plot, personages en dialoog.

Eigen inzichten toevoegen: De auteur kan zijn eigen inzichten en ervaringen aan het boek toevoegen, waardoor het aantrekkelijker en herkenbaarder wordt voor de lezers.

Personaliseer het boek: De auteur kan het boek personaliseren door zijn eigen stem en perspectief toe te voegen. Dit kan door persoonlijke anekdotes toe te voegen, verwijzingen naar hun eigen leven, of door te schrijven in een stijl die aansluit bij hun eigen schrijfstijl.

Het boek bewerken
en herzien: De auteur
kan het boek
bewerken en herzien
om ervoor te zorgen
dat het goed
geschreven en
foutloos is.

Het boek op de markt brengen en promoten: De auteur kan het boek op de markt brengen en promoten, zodat het een breder publiek kan bereiken.

Over het algemeen zijn er veel manieren waarop een auteur zijn eigen menselijke toets kan toevoegen aan een boek dat door kunstmatige intelligentie is geschreven. Door feedback te geven, eigen inzichten toe te voegen, het boek te personaliseren, te redigeren en te herzien, en het boek op de markt te brengen en te promoten, kan de auteur helpen een boek te maken dat zowel boeiend als informatief is.

Hier zijn enkele aanvullende tips voor auteurs die met kunstmatige intelligentie werken om een boek te schrijven:

Wees duidelijk over je doelen en verwachtingen: Voordat je met kunstmatige intelligentie aan de slag gaat, is het belangrijk om duidelijk te zijn over je doelen en verwachtingen voor het boek. Wat voor soort boek wil je schrijven? Wat zijn uw doelgroep en doelstellingen voor het boek? Als je eenmaal weet wat je wilt bereiken, kun je met kunstmatige intelligentie aan de slag om een boek te maken dat aan jouw wensen voldoet.

Sta open voor feedback: Kunstmatige intelligentie kan een geweldig hulpmiddel zijn voor het genereren van ideeën en inhoud, maar het is belangrijk om open te staan voor feedback van menselijke schrijvers. Menselijke schrijvers kunnen helpen bij het identificeren van gebieden waar de door AI gegenereerde tekst moet worden verbeterd, en ze kunnen ook helpen om het boek aantrekkelijker en herkenbaarder te maken voor de lezers.

Wees geduldig: een boek schrijven is een lang en uitdagend proces, zelfs met behulp van kunstmatige intelligentie. Het is belangrijk om geduldig te zijn en jezelf de tijd te gunnen om aan het boek te werken. Met tijd en moeite kun je een boek maken dat zowel boeiend als informatief is.

CURSUS 3

BESTE MANIER OM EEN BOEK TE SCHRIJVEN?

Er is geen pasklaar antwoord op deze vraag, aangezien de beste manier om een boek te schrijven zal variëren afhankelijk van het individuele schrijfproces en de voorkeuren van de auteur. Er zijn echter enkele algemene tips die auteurs kunnen helpen een boek effectief te schrijven.

Hier zijn enkele van de beste manieren om een boek te schrijven:

Kies een onderwerp waar je gepassioneerd over bent. Een boek schrijven is veel werk, dus het is belangrijk om een onderwerp te kiezen waar je gepassioneerd over bent. Dit maakt het schrijfproces leuker en de kans is groter dat je het tot het einde volhoudt.

Doe je onderzoek. Nadat je een onderwerp hebt gekozen, is het belangrijk om onderzoek te doen. Dit zal je helpen om informatie en ideeën voor je boek te verzamelen. U kunt onderzoek doen door boeken, artikelen en websites te lezen, of door mensen te interviewen die kennis hebben van uw onderwerp.

Geef een overzicht van uw boek. Een overzicht kan u helpen uw gedachten en ideeën te ordenen voordat u begint met schrijven. Het kan je ook helpen om op koers te blijven terwijl je je boek schrijft. Er zijn veel verschillende manieren om een boek te schetsen, dus zoek een methode die voor jou werkt.

Begin met schrijven! Nadat je je onderzoek hebt gedaan en je boek hebt geschetst, is het tijd om te beginnen met schrijven. De beste manier om te beginnen is door gewoon te gaan zitten en te beginnen met schrijven. **Maak je geen zorgen** over het in eerste instantie perfect maken, zet gewoon je gedachten op papier. Je kunt altijd teruggaan en later bewerken.

Stel realistische doelen. Een boek schrijven kan een hele klus zijn, dus het is belangrijk om realistische doelen voor jezelf te stellen . Probeer niet je hele boek in één keer te schrijven. Stel in plaats daarvan kleine doelen voor uzelf, zoals het schrijven van 500 woorden per dag.

Pauzes nemen. Schrijven kan veel werk zijn, dus het is belangrijk om pauzes te nemen. Sta op en beweeg, of neem een paar minuten de tijd om te ontspannen en uw hoofd leeg te maken. Dit zal je helpen om gefocust en productief te blijven.

Feedback krijgen. Als je eenmaal een concept van je boek hebt geschreven, is het nuttig om feedback van anderen te krijgen. Dit kan u helpen bij het identificeren van gebieden die verbetering behoeven. U kunt feedback krijgen van

vrienden, familie of
bètalezers.

Bewerken en herzien.
Zodra u feedback op
uw boek heeft
gekregen, is het tijd
om het te bewerken
en te herzien. Hier
polijst je je schrijfstijl
en zorg je ervoor dat
je boek zo goed
mogelijk is.

Publiceer uw boek. Als u tevreden bent met uw boek, is het tijd om het te publiceren. Er zijn veel verschillende manieren om een boek te publiceren, dus zoek een methode die voor jou werkt.

Door deze tips te volgen, kunt u een boek schrijven dat zowel informatief als plezierig is om te lezen.

Hier volgen nog enkele aanvullende tips die wellicht nuttig kunnen zijn:

Zoek een schrijfgemeenschap. Er zijn veel online en offline schrijfgemeenschapp en die ondersteuning en aanmoediging kunnen bieden. Door lid te worden van een schrijfgemeenschap kun je gemotiveerd blijven en van andere schrijvers leren.

Geef niet op. Een boek schrijven is veel werk, maar het geeft ook veel voldoening. Geef je droom om een boek te schrijven niet op. Blijf gewoon schrijven en uiteindelijk zul je je doel bereiken.

HOE OM TE GAAN MET HET SCHRIJVERSBLOK?

Writer's block is een veelvoorkomend probleem waar iedereen die schrijft, last van kan hebben. Het kan frustrerend en ontmoedigend zijn, maar er zijn manieren om het te vermijden en aan te pakken.

Hier zijn enkele tips om een writer's block te voorkomen:

Maak tijd vrij om regelmatig te schrijven. Zelfs als je geen zin hebt om te schrijven, probeer dan elke dag wat tijd vrij te maken om te schrijven. Dit zal je helpen om de gewoonte van het schrijven te behouden en de kans kleiner te maken dat je geblokkeerd wordt. Vrij schrijven. Vrij schrijven is een geweldige manier om je gedachten de vrije loop te laten en te voorkomen dat je vast blijft zitten aan één bepaald idee. Begin gewoon met schrijven wat er in je

opkomt, zonder je zorgen te maken over grammatica of spelling.
Brainstorm.
Brainstormen is een andere geweldige manier om uw creatieve sappen te laten stromen. Schrijf alle ideeën op die in je opkomen, hoe gek ze ook lijken. Je kunt

altijd terugkomen en ze later bewerken. Lezen. Lezen kan je helpen inspiratie op te doen en nieuwe schrijftechnieken te leren. Lees boeken, artikelen en blogposts die verband houden met uw schrijfonderwerp. Pauzes nemen. Als je merkt dat je vastloopt, neem dan een pauze met schrijven. Ga wandelen, luister naar muziek of doe iets anders dat je leuk vindt. Soms is de beste manier om de blokkering op te heffen, simpelweg een stapje terug doen.

Hier zijn enkele tips voor het omgaan met writer's block:

Geen paniek. Een writer's block is een veelvoorkomend probleem, en het betekent niet dat u een slechte schrijver bent. Ontspan gewoon en haal een paar keer diep adem. Verander uw omgeving. Als je het gevoel hebt vast te zitten, probeer dan je omgeving te veranderen. Ga naar een andere plek om te schrijven, of probeer op een ander tijdstip van de dag te schrijven.

Schrijf over iets anders. Als je echt vastzit aan één bepaald idee, probeer dan over iets anders te schrijven. Soms kan het schrijven over iets anders je helpen om je creatieve sappen weer te laten stromen.

Tegen iemand praten. Als je het echt moeilijk hebt, praat er dan met iemand over. Een vriend, familielid of schrijfcoach kan ondersteuning en advies bieden.

Vergeet niet dat een writer's block tijdelijk is. Blijf gewoon schrijven en uiteindelijk wordt u gedeblokkeerd.

HOE SCHRIJF JE EEN FILMSCRIPT?

Er zijn veel stappen nodig bij het schrijven van een

filmscript, maar hier zijn enkele basistips:

Begin met een sterk concept. Wat is het basisidee van je film? Wat is het verhaal dat je wilt vertellen? Zodra je een sterk concept hebt, kun je beginnen met het ontwikkelen van de personages, het plot en de setting.

Creëer goed ontwikkelde karakters. Je personages vormen het hart van je film, dus het is belangrijk om personages te creëren die geloofwaardig en herkenbaar zijn. Geef ze achtergrondverhalen, motivaties en persoonlijkheden waardoor ze tot leven komen op de pagina. Bedenk een meeslepend plot. De plot is de ruggengraat van je film, dus het is belangrijk om een plot te creëren dat spannend en boeiend is. De plot moet een duidelijk begin, midden en einde hebben, en conflict, spanning en oplossing bevatten. Schrijf geloofwaardige dialogen. De dialoog is een van de belangrijkste aspecten van elk filmscript, dus het is belangrijk om dialogen te schrijven die natuurlijk en geloofwaardig zijn. De dialoog moet helpen de plot vooruit te helpen en de motivaties van de personages te onthullen. Formatteer uw script correct. Er zijn specifieke opmaakrichtlijnen die u moet volgen bij het schrijven van een filmscript. Deze richtlijnen variëren afhankelijk van het formaat dat u gebruikt, maar het is belangrijk om ze zorgvuldig te volgen, zodat uw script gemakkelijk te lezen en te begrijpen is. Krijg feedback van anderen. Zodra u een concept van uw script heeft, is het belangrijk om feedback van anderen te krijgen. Dit zal u helpen om eventuele gebieden te identificeren die verbetering behoeven.

Herzie en bewerk uw script. Nadat u feedback heeft ontvangen, moet u uw script herzien en bewerken. Dit is een belangrijke stap, omdat u hiermee de algehele kwaliteit van

uw script kunt
verbeteren.

Hier zijn enkele
aanvullende tips voor
het schrijven van een
filmscript:

Lees andere
filmscripts. Een van
de beste manieren
om te leren hoe je een
filmscript schrijft, is
door andere

filmscripts te lezen. Hierdoor krijg je een goed inzicht in het format en de structuur van een filmscript.

Films bekijken. Een andere geweldige manier om te leren hoe je een filmscript schrijft, is door films te kijken. Let op de manier waarop het verhaal wordt verteld, de personages worden ontwikkeld en de dialogen worden geschreven.

Volg een cursus scenarioschrijven. Als je serieus een filmscript wilt schrijven, wil je misschien een cursus scenarioschrijven volgen. Dit geeft je de kans om te leren van

ervaren
scenarioschrijvers en
feedback te krijgen
op je werk.

Een filmscript
schrijven kan veel
werk zijn, maar het
kan ook heel leuk
zijn. Als je bereid
bent de moeite te
nemen, kun je een
filmscript maken dat

een succes zal
worden.

Cursus 3:

CURSUS 4

WERELDGEBOUW

LET OP HET VOLGENDE:

1. DOELGROEP
2. NICHE
3. GENRE
4. SLEUTELWOORDEN

12. REGELS VAN DE GRAMMATICA

13. ONDERWERP ZINNEN.

14. ENZ.

CURSUS 5

ZELF BEWERKEN

5.1. APPS BEWERKEN

Er zijn veel bewerkingsapps beschikbaar, maar hier zijn enkele van de populairste en meest gewaardeerde:

Adobe Premiere Pro: Dit is een professionele videobewerkingsapp die door veel Hollywood-studio's wordt gebruikt. Het is een krachtige app die een breed scala aan functies biedt, maar het kan behoorlijk complex zijn om te leren.

Final Cut Pro X: Dit is een populaire videobewerkingsapp voor Mac-gebruikers. Het staat bekend om zijn intuïtieve interface en krachtige functies.

DaVinci Resolve: Dit is een gratis en

open-source
videobewerkingsapp
die steeds
populairder wordt.
Het biedt een breed
scala aan functies en
wordt voortdurend
bijgewerkt met
nieuwe functies.

Lightworks : Dit is
een professionele
videobewerkingsapp

die bekend staat om zijn stabiliteit en gebruiksgemak . Het is een goede optie voor gebruikers die op zoek zijn naar een krachtige app die gemakkelijk te leren is.

HitFilm Express: Dit is een gratis app voor videobewerking

die een breed scala aan functies biedt. Het is een goede optie voor gebruikers die op zoek zijn naar een krachtige app zonder het hoge prijskaartje.

Dit zijn slechts enkele van de vele beschikbare bewerkingsapps. De beste app voor u hangt af van uw specifieke behoeften en voorkeuren.

Als je een beginner bent, raad ik aan om te beginnen met een eenvoudiger app zoals Lightworks of HitFilm Express. Zodra je de basis onder de knie hebt, kun je overstappen op een complexere app zoals Adobe Premiere Pro of Final Cut Pro X.

Hier zijn enkele aanvullende factoren waarmee u rekening moet houden bij het kiezen van een bewerkingsapp:

Uw budget: Sommige bewerkingsapps zijn gratis, terwijl andere behoorlijk duur kunnen zijn.

Je besturingssysteem: Sommige bewerkingsapps zijn alleen beschikbaar voor Windows, terwijl andere alleen beschikbaar zijn voor Mac.

Jouw ervaringsniveau: Als je een beginner bent, heb je een app nodig die gemakkelijk te leren is. Als je meer ervaring hebt, wil je misschien een app met meer functies.

Het soort projecten waaraan je wilt werken: Sommige bewerkingsapps zijn beter geschikt voor bepaalde soorten projecten dan andere. Als je bijvoorbeeld video's wilt bewerken, heb je een app nodig die is

ontworpen voor
videobewerking.

CURSUS 6

PUBLICEREN
TRADITIONELE
PUBLICATIE
INDIE-PUBLICATIE
PUBLICEREN WIJD
AFDRUKKEN OP
AANVRAAG

SLEUTELWOORDE
N EN
CATEGORIEËN BIJ
PUBLICEREN

Trefwoorden en categorieën zijn belangrijk bij het publiceren, omdat ze lezers helpen uw werk te vinden. Wanneer iemand op een trefwoord of categorie zoekt, verschijnt jouw werk in de zoekresultaten als het die trefwoorden of categorieën bevat. Dit betekent dat de kans groter is dat u gevonden wordt door potentiële lezers.

Hier volgen enkele voorbeelden van het belang van trefwoorden en categorieën bij het publiceren:

Help lezers uw werk te vinden: Wanneer

iemand op een trefwoord of categorie zoekt, verschijnt uw werk in de zoekresultaten als het die trefwoorden of categorieën bevat. Dit betekent dat de kans groter is dat u gevonden wordt door potentiële lezers. Verbeter uw vindbaarheid: trefwoorden en categorieën kunnen helpen uw vindbaarheid op zoekmachines en andere platforms te verbeteren. Dit betekent dat de kans groter is dat uw werk wordt gezien door mensen die geïnteresseerd zijn in de onderwerpen waarover u schrijft.

Vergroot uw lezerspubliek: Door de juiste zoekwoorden en categorieën te gebruiken, kunt u uw lezerspubliek vergroten en een breder publiek bereiken. Dit kan leiden tot meer verkopen, downloads en andere voordelen.

Helpt u uw doelgroep te targeten: trefwoorden en categorieën kunnen u helpen uw doelgroep te targeten. Dit betekent dat u uw marketinginspanning en kunt richten op de mensen die waarschijnlijk het meest geïnteresseerd zijn in uw werk.

Hier volgen enkele tips voor het kiezen van de juiste trefwoorden en categorieën voor uw werk:

Denk na over je publiek: voor wie schrijf je? Wat zijn hun interesses? Welke trefwoorden zullen ze waarschijnlijk

gebruiken bij het zoeken naar informatie?
Doe uw onderzoek: gebruik een zoekwoordonderzoek stool om de populairste zoekwoorden voor uw onderwerp te vinden. Gebruik verschillende trefwoorden: Gebruik niet slechts één of twee trefwoorden.

Gebruik verschillende trefwoorden om uw kansen om gevonden te worden te vergroten.
Gebruik relevante categorieën: Kies categorieën die relevant zijn voor uw onderwerp. Dit zal uw vindbaarheid helpen verbeteren.
Update uw zoekwoorden en

categorieën regelmatig: Naarmate uw werk evolueert, moeten uw zoekwoorden en categorieën dat ook doen. Zorg ervoor dat u ze regelmatig bijwerkt om uw werk up-to-date te houden.

Door deze tips te volgen, kunt u de juiste zoekwoorden

en categorieën voor
uw werk kiezen en uw
kansen vergroten om
door potentiële lezers
te worden gevonden.

HOE EEN CURSUS OF BOEK AAN TE PASSEN IN EEN FILM

Het aanpassen van
een cursus aan een

toneelstuk of film kan een geweldige manier zijn om studenten erbij te betrekken en de stof gedenkwaardiger te maken. Hier zijn enkele tips over hoe u dit kunt doen:

Begin met het identificeren van de belangrijkste thema's en concepten van de cursus. Wat zijn de belangrijkste dingen die je wilt dat leerlingen leren? Zodra u de belangrijkste thema's heeft geïdentificeerd, kunt u beginnen na te denken over hoe u deze kunt dramatiseren.

Denk aan het formaat van het toneelstuk of de film. Wordt het een traditioneel toneelstuk, een film of iets anders? Het formaat heeft invloed op de manier waarop u het materiaal aanpast. Met een film kun je bijvoorbeeld meer actie en visuele details laten zien dan met een traditioneel toneelstuk.

Denk na over de karakters. Wie zijn de

belangrijkste personages in de cursus? Hoe kun je ze tot leven brengen in het toneelstuk of de film? De personages moeten herkenbaar en boeiend zijn voor het publiek. Ontwikkel het plot. Hoe ga je het toneelstuk of de film structureren? De plot moet spannend en boeiend zijn, maar ook trouw aan de stof uit de cursus.

Schrijf de dialoog. De dialoog is een van de belangrijkste aspecten van elk toneelstuk of film. Het moet natuurlijk en geloofwaardig zijn, en het moet de plot helpen bevorderen.

Regisseer het toneelstuk of de film.

Nadat je het script hebt geschreven, moet je het toneelstuk of de film regisseren. Dit omvat het casten van acteurs, het blokkeren van scènes en het repeteren van het stuk of de film.

Een cursus aanpassen aan een toneelstuk of film kan

veel werk zijn, maar het kan ook heel leuk zijn. Als je bereid bent er moeite voor te doen, kun je een toneelstuk of film maken die de leerlingen aanspreekt en de stof gedenkwaardiger maakt.

Hier volgen enkele aanvullende tips voor

het aanpassen van een cursus aan een toneelstuk of film:

Gebruik de instelling om sfeer en sfeer te creëren. De setting van een toneelstuk of film kan helpen om een bepaalde sfeer of stemming te creëren. Als je bijvoorbeeld een cursus over horror aanpast, kun

je het stuk of de film
in een donker en
griezelig huis
afspelen .
Gebruik rekwisieten
en kostuums om
visuele interesse te
creëren. Rekwisieten
en kostuums kunnen
helpen om de
personages en de
setting tot leven te
brengen. Als u
bijvoorbeeld een

cursus over geschiedenis aanpast, kunt u kostuums uit die tijd gebruiken om het publiek het gevoel te geven dat ze terug in de tijd zijn. Gebruik muziek en geluidseffecten om het drama te versterken. Muziek en geluidseffecten kunnen helpen spanning, opwinding of andere emoties te creëren. Als u bijvoorbeeld een cursus over actie aanpast, kunt u luide geluidseffecten gebruiken om een gevoel van opwinding te creëren.

Ik hoop dat deze tips je helpen je cursus aan te passen aan een toneelstuk of film.

CURSUS 7

MARKETING EN PROMOTIE

Gefeliciteerd met het afronden van je boek!

Het op de markt brengen van uw boek kan een hele klus zijn, maar het is belangrijk om te onthouden dat u niet de enige bent. Er zijn veel hulpmiddelen beschikbaar waarmee u uw boek kunt promoten, en met een beetje planning en inspanning kunt u uw doelgroep

bereiken en uw boek
verkopen.

Hier zijn enkele van
mijn beste adviezen
aan een nieuwe
auteur die zijn boek
op de markt wil
brengen:

Begin vroeg. Het
beste moment om te
beginnen met het op
de markt brengen van

uw boek is voordat het zelfs maar is gepubliceerd. Dit geeft je de tijd om opwinding en buzz over je boek op te bouwen, en om potentiële lezers te bereiken.

Maak een sterk marketingplan. Uw marketingplan moet een duidelijke boodschap over uw boek, een doelgroep en een tijdlijn voor promotie bevatten. U moet ook de beste kanalen identificeren om uw doelgroep te bereiken.

Promoot uw boek online. Er zijn veel manieren om uw boek online te promoten, zoals sociale media, e-mailmarketing en gastbloggen. U moet ook een website voor uw boek maken en ervoor zorgen dat deze is geoptimaliseerd voor zoekmachines.

Organiseer evenementen. Het organiseren van evenementen is een geweldige manier om in contact te komen met potentiële lezers

en om enthousiasme voor uw boek op te bouwen. U kunt signeersessies, lezingen of lezingen organiseren.
Zorg voor media-aandacht. Door media-aandacht voor uw boek te krijgen, kunt u een breder publiek bereiken. U kunt contact opnemen met

journalisten en bloggers om te zien of zij geïnteresseerd zijn om over uw boek te schrijven.

Vraag hulp aan je netwerk. Breng uw vrienden, familie en collega's op de hoogte van uw boek en vraag hen om u te helpen de boodschap te verspreiden. Ze kunnen uw boek delen op sociale media, het aanbevelen aan hun vrienden en exemplaren van het boek voor zichzelf kopen.

Wees geduldig. Het op de markt brengen van uw boek kost tijd en moeite. Verwacht niet dat je van de ene op de andere dag resultaat zult zien. Blijf gewoon doorgaan, en uiteindelijk zul je zien dat je boek aan populariteit wint.

Hier volgen nog enkele aanvullende tips die wellicht nuttig kunnen zijn: Er bestaat geen pasklaar antwoord op deze vraag, aangezien de beste manier om een boek te lanceren zal variëren afhankelijk van het boek zelf, de doelstellingen van de auteur en de doelgroep. Er zijn echter enkele algemene tips die auteurs kunnen helpen hun boeken succesvol te lanceren.

BESTE MANIER OM EEN BOEK TE LANCEREN?

Hier zijn enkele van de beste manieren om een boek te lanceren:

Begin vroeg. De beste manier om een boek te lanceren is door vroeg te beginnen met plannen. Dit geeft je de tijd om enthousiasme voor het boek op te bouwen, potentiële lezers te bereiken en media-aandacht veilig te stellen. Maak een sterk marketingplan. Uw marketingplan moet een duidelijke boodschap over het boek, een doelgroep en een tijdlijn voor promotie bevatten. U moet ook de beste kanalen identificeren om uw doelgroep te bereiken.

Promoot uw boek online. Er zijn veel manieren om uw boek online te promoten, zoals sociale media, e-mailmarketing en gastbloggen. U moet ook een website voor uw boek maken en ervoor zorgen dat deze is geoptimaliseerd voor zoekmachines.

Organiseer evenementen. Het organiseren van evenementen is een geweldige manier om in contact te komen met potentiële lezers en om enthousiasme voor uw boek op te bouwen. U kunt signeersessies, lezingen of lezingen organiseren.

Zorg voor media-aandacht. Door media-aandacht voor uw boek te krijgen, kunt u een breder publiek bereiken. U kunt contact opnemen met journalisten en bloggers om te zien of zij geïnteresseerd zijn om over uw boek te schrijven.

Vraag hulp aan je netwerk. Breng uw vrienden, familie en collega's op de hoogte van uw boek en vraag hen om u te helpen de boodschap te verspreiden. Ze kunnen uw boek delen op sociale media, het aanbevelen aan hun vrienden en exemplaren van het boek voor zichzelf kopen.

Door deze tips te volgen, vergroot u uw kansen om uw boek succesvol te lanceren.

Hier volgen nog enkele aanvullende

tips die wellicht
nuttig kunnen zijn:

Creëer een buzz.
Begin met het
opwekken van
opwinding over uw
boek voordat het zelfs
maar wordt
gelanceerd. Dit kun je
doen door
fragmenten uit het
boek te delen, er
blogposts over te

schrijven of interviews te geven. Personaliseer uw promotie. Stem uw marketinginspanning en af op uw doelgroep. Waar zijn ze in geïnteresseerd? Wat zijn hun pijnpunten? Wat zorgt ervoor dat ze jouw boek willen lezen?

Wees consistent.
Promoot uw boek
niet slechts één keer
en vergeet het dan.
Houd het momentum
vast door updates te
delen op sociale
media, blogposts te
schrijven en
interviews te geven.
Veel plezier! Een
boek lanceren is veel
werk, maar het moet
ook leuk zijn. Dus

ontspan, geniet van het proces en vier het succes van uw boek.

Ik hoop dat dit helpt!

WAT IS EEN NATIONALE BOEKENREIS?

Een nationale boekentour is een reeks evenementen waarbij een auteur naar verschillende steden en dorpen reist om zijn boek te promoten. Deze evenementen kunnen signeersessies, lezingen, lezingen en interviews omvatten. Het doel van een landelijke boekentour is om de bekendheid van het boek te vergroten en omzet te genereren.

Speciale uitverkoop is een soort promotie die doorgaans wordt aangeboden door boekwinkels of andere detailhandelaren. Deze verkopen kunnen vele vormen aannemen, zoals kortingen, kortingsbonnen of gratis geschenken. Het doel van speciale verkopen is om nieuwe klanten aan te trekken en bestaande klanten aan te moedigen meer boeken te kopen.

Het belangrijkste verschil tussen een nationale boekentour en speciale verkopen is dat een nationale boekentour een meer persoonlijke en interactieve manier is om een boek te promoten. Wanneer een auteur naar een stad reist om een signeersessie te doen, heeft hij de mogelijkheid om zijn fans te ontmoeten en met hen in contact te komen. Dit kan helpen om relaties met lezers op te bouwen en een gevoel van opwinding over het boek te creëren.

Speciale verkopen zijn daarentegen een meer onpersoonlijke manier om een boek te promoten. Ze bieden auteurs niet dezelfde mogelijkheid om in contact te komen met lezers. Speciale verkopen kunnen echter een zeer effectieve manier zijn om verkopen te genereren, vooral als ze goed worden gepromoot.

Hier is een tabel die de belangrijkste verschillen tussen nationale boekentours en speciale verkopen samenvat:

Feature   Nationale BoekentourSpeciale aanbiedingen

Doel   Een boek promoten Verkoop genereren

Formaat Reeks evenementen in verschillende stedenKortingen, kortingsbonnen, gratis geschenken

Personalisatie   Persoonlijk en

interactiefOnpersoon
lijk
Effectiviteit hangt af
van de populariteit
van de auteur en de
kwaliteit van het
boek. Kan zeer
effectief zijn als het
goed wordt
gepromoot

Ik hoop dat dit helpt!

HOE ORGANISEER JE EEN BOEKSIGNEER-EVENEMENT EN HOE IS HET VERSCHILLEND VAN EEN BOEKLANCERING

Hier zijn enkele tips voor het organiseren van een signeersessie:

Kies een locatie. U kunt uw signeersessie houden in een boekwinkel, bibliotheek, koffiebar of andere openbare ruimte. Als je je evenement in een boekwinkel houdt, moet je met de winkel samenwerken om toestemming te krijgen en een ruimte veilig te stellen.

Promoot het evenement. Laat mensen op de hoogte zijn van uw signeerevenement via uw website, sociale media en e-maillijst. U kunt ook contact opnemen met lokale media om te zien of zij geïnteresseerd zijn in verslaggeving over het evenement.

Zorg dat je voldoende boeken bij de hand hebt. Zorg ervoor dat je genoeg boeken hebt voor iedereen die zijn of haar boek wil laten signeren. Op het evenement kun je ook boeken verkopen, zorg er dus voor dat je een kassa- of creditcardautomaat bij de hand hebt.

Zet een tafel en stoelen klaar waar de auteur boeken kan signeren. Misschien wil je ook een tafel hebben waar mensen hun boeken kunnen achterlaten om voor of na het evenement te laten signeren. Houd wat promotiemateriaal bij de hand. Dit kunnen bladwijzers, flyers of posters over uw boek zijn. Je kunt ook gratis exemplaren van je boek weggeven aan bezoekers.

Zorg voor een plan voor crowd control. Als u een grote menigte verwacht, moet u een plan hebben om de mensen ordelijk te houden. Denk hierbij aan het hebben van

iemand aan de deur om de kaartjes te controleren of het plaatsen van een lijnsysteem.
Wees voorbereid op het beantwoorden van vragen over uw boek. Mensen zullen waarschijnlijk vragen hebben over je boek, dus wees voorbereid om ze te beantwoorden. Aan

het einde van het evenement kunt u ook een vraag-en-antwoordsessie houden .
Veel plezier! Boeksigneereveneme nten moeten leuk zijn voor zowel de auteur als de aanwezigen. Dus ontspan, geniet en ontmoet nieuwe mensen.

Hier zijn enkele van de belangrijkste verschillen tussen een signeersessie en een boeklancering:

Publiek: Een signeersessie is doorgaans gericht op fans van de auteur of het boek, terwijl een boeklancering doorgaans gericht is op een breder publiek, zoals de media, professionals uit de industrie en potentiële lezers. Inhoud: Een signeerevenement is doorgaans gericht op het signeren van boeken door de auteur voor fans, terwijl een boeklancering een toespraak van de auteur, een vraag- en antwoordsessie of andere activiteiten kan omvatten. Promotie: Een signeersessie wordt doorgaans gepromoot onder de fans en volgers van de auteur, terwijl een boeklancering doorgaans wordt gepromoot bij een breder publiek.

Ik hoop dat dit helpt!

WAT IS EEN AUTOGRAPHESESSIE VOOR EEN BOEKEN?

Een boekhandtekening is een handtekening van een auteur op een boek. Vaak gaat het gepaard met een persoonlijke boodschap of

toewijding.
Autografen uit
boeken zijn vaak
gewild bij
verzamelaars, omdat
ze een waardevol
aandenken kunnen
zijn aan een favoriet
boek of auteur.

Er zijn verschillende
manieren om een
boek te laten
signeren. Eén manier

is om een signeerevenement bij te wonen, waar de auteur boeken signeert voor fans. Een andere manier is om rechtstreeks contact op te nemen met de auteur en hem te vragen een boek voor je te signeren. Je kunt soms ook gesigneerde boeken vinden in

boekwinkels of
online.

Wanneer u een boek
laat signeren, zijn er
een paar dingen waar
u rekening mee moet
houden. Zorg er eerst
voor dat je een boek
hebt dat de auteur
heeft geschreven. Ten
tweede kiest u een
lege pagina in het
boek dat u wilt

ondertekenen. Ten derde: wees respectvol voor de tijd en ruimte van de auteur. Zorg er ten slotte voor dat u de auteur bedankt voor zijn tijd en handtekening.

Hier zijn enkele tips voor het laten signeren van een boek:

Breng het boek vroeg naar het evenement, zodat u niet in de rij hoeft te wachten.
Wees beleefd en respectvol tegenover de auteur.
Vraag om een persoonlijke boodschap of toewijding.
Bedank de auteur voor hun tijd.

Hier zijn enkele dingen die u moet vermijden als u een boek laat signeren:

Neem geen beschadigd of vies boek mee.
Vraag de auteur niet om een boek te signeren dat hij of zij niet heeft geschreven.

Vraag de auteur niet om een boek te signeren dat al gesigneerd is.
Wees niet opdringerig of veeleisend.

HOE KAN IK EFFECTIEF ADVERTEREN OP AMAZON.COM?

Er zijn veel manieren om effectief te adverteren op Amazon.com. Hier zijn enkele van de meest effectieve methoden:

Amazon Sponsored Products: Dit is een pay-per-click (PPC) advertentieprogramma waarmee u uw producten kunt

weergeven op de zoekresultatenpagina's van Amazon. Wanneer een klant naar een product zoekt dat vergelijkbaar is met het uwe, wordt uw advertentie mogelijk bovenaan de pagina met zoekresultaten weergegeven.
Amazon Product Display-advertenties:

dit zijn beeldadvertenties die worden weergegeven op productdetailpagina's en in productzoekresultaten. Ze zijn een goede manier om uw producten te promoten bij kopers die al geïnteresseerd zijn in wat u te bieden heeft.

Amazon Headline Search Ads: dit zijn tekstadvertenties die bovenaan de zoekresultatenpagina's van Amazon verschijnen. Ze zijn een goede manier om uw producten te promoten bij kopers die op specifieke zoekwoorden zoeken. Amazon-videoadvertenties: dit zijn videoadvertenties die verschijnen op de website en mobiele app van Amazon. Ze zijn een goede manier om uw producten te promoten bij kopers die op zoek zijn naar boeiende en informatieve inhoud. Amazon Display & Video Creative Studio: Dit is een selfservicetool waarmee u uw eigen Amazon-advertenties kunt maken en beheren. Het is een goede optie voor bedrijven die meer controle willen hebben over hun advertentiecampagnes.

Bij het maken van uw Amazon-advertenties is het belangrijk om het volgende in gedachten te houden:

Target uw advertenties op de juiste doelgroep: zorg ervoor dat uw advertenties worden weergegeven aan mensen die waarschijnlijk geïnteresseerd zijn in uw producten. U kunt dit doen door uw

advertenties te targeten op basis van zoekwoorden, demografische gegevens en interesses.
Gebruik een duidelijke en beknopte advertentietekst: Uw advertentietekst moet duidelijk en beknopt zijn en de voordelen

van uw producten benadrukken.

Gebruik afbeeldingen en video's van hoge kwaliteit: uw afbeeldingen en video's moeten van hoge kwaliteit zijn en relevant zijn voor uw producten.

Houd uw resultaten bij: Het is belangrijk om de resultaten van uw Amazon-advertenties bij te houden, zodat u kunt zien wat werkt en wat niet. Hiermee kunt u uw campagnes optimaliseren en het maximale uit uw advertentiebudget halen.

Door deze tips te volgen, kun je effectief adverteren

op Amazon.com en je doelgroep bereiken.

VERTALINGEN GEBRUIKEN ALS MARKETINGHULP MIDDEL

Er zijn veel voordelen verbonden aan het vertalen van uw boeken in andere talen. Hier zijn er een paar:

Bereik een breder publiek: Door uw boeken in andere talen te vertalen, kunt u een breder publiek van potentiële lezers bereiken. Dit kan leiden tot hogere verkopen en royalty's. Vergroot uw zichtbaarheid: Wanneer uw boeken in andere talen worden vertaald, zullen ze beter zichtbaar zijn voor lezers over de hele wereld. Dit kan u helpen uw auteursmerk op te bouwen en nieuwe lezers aan te trekken. Breid uw markt uit: Het vertalen van uw boeken naar andere talen kan u helpen uw markt uit te breiden en nieuwe verkoopkanalen te bereiken. U kunt uw vertaalde boeken bijvoorbeeld verkopen via internationale detailhandelaren of via boekenclubs in vreemde talen. Maak kennis met nieuwe culturen: Het vertalen van uw boeken in andere talen kan u helpen kennis te maken met nieuwe culturen. Dit kan voor jou als auteur een waardevolle ervaring zijn, maar het kan je ook helpen om in contact te komen met lezers uit andere culturen.

Promoot uw boeken: Het vertalen van uw boeken naar andere

talen kan u helpen uw boeken op nieuwe markten te promoten. Dit kun je doen door boekenbeurzen en festivals te bezoeken, door interviews te geven aan buitenlandse media en door je boeken te promoten via sociale media en andere online kanalen.

Als u overweegt uw boeken in andere talen te vertalen, zijn er een paar dingen waar u rekening mee moet houden. Ten eerste moet u ervoor zorgen dat uw boeken goed geschreven zijn en van hoge kwaliteit zijn. Zorg er ook voor dat u een gerenommeerd vertaalbureau vindt dat uw boeken nauwkeurig en professioneel kan vertalen.

Het vertalen van uw boeken naar andere talen kan een geweldige manier zijn om een breder publiek te bereiken, uw zichtbaarheid te vergroten en uw markt uit te breiden.

Als je serieus bent over je schrijfcarrière, is dit iets om over na te denken.

AMAZON-CONCURRENTEN/ALTERNATIEVEN

Hier zijn 10 alternatieve onafhankelijke uitgevers voor Amazon:

Barnes & Noble Press: Het is een traditionele uitgeverij die een breed scala aan diensten aanbiedt, waaronder redactie, marketing en distributie.

CreateSpace : het is een platform voor zelfpublicatie waarmee auteurs hun boeken via Amazon kunnen publiceren en verkopen.

IngramSpark : het is een print-on-demand (POD)-uitgever waarmee auteurs hun boeken kunnen publiceren en verkopen via verschillende retailers, waaronder Amazon.

Lulu: Het is een POD-uitgever

waarmee auteurs hun boeken in verschillende formaten kunnen publiceren en verkopen, waaronder gedrukte boeken, eBooks en audioboeken.

Pear Press: Het is een traditionele uitgeverij die zich richt op het uitgeven van boeken voor kinderen en jongvolwassenen. Prometheus Books: het is een non-profituitgever die boeken publiceert over een verscheidenheid aan onderwerpen, waaronder wetenschap, filosofie en politiek. Small Press Distribution: het is een distributeur die samenwerkt met onafhankelijke uitgevers om hun boeken in boekwinkels en bibliotheken te krijgen.

Smashwords : het is een POD-uitgever waarmee auteurs hun eBooks kunnen publiceren en verkopen via verschillende retailers, waaronder Amazon.

Ongebonden boeken: het is een door crowdfunding gefinancierde uitgever waarmee auteurs geld kunnen inzamelen om hun boeken te publiceren.

WordPress : het is een contentmanagements

ysteem waarmee auteurs hun eigen websites kunnen maken en publiceren.

Dit zijn slechts enkele van de vele onafhankelijke uitgevers die beschikbaar zijn. Bij het kiezen van een uitgever is het belangrijk om rekening te houden met uw behoeften en doelen. Wilt u samenwerken met een traditionele uitgeverij die meer diensten biedt, of wilt u zelf publiceren en meer controle over het proces hebben? Wilt u publiceren in print of in eBooks? Nadat u uw behoeften heeft overwogen, kunt u beginnen met het onderzoeken van uitgevers om de beste oplossing voor u te vinden.

HOE KAN IK EFFECTIEF ADVERTEREN OP AMAZON.COM?

Er zijn veel manieren om effectief te adverteren op

Amazon.com. Hier zijn enkele van de meest effectieve methoden:

Amazon Sponsored Products: Dit is een pay-per-click (PPC) advertentieprogramma waarmee u uw producten kunt weergeven op de zoekresultatenpagina's van Amazon.

Wanneer een klant naar een product zoekt dat vergelijkbaar is met het uwe, wordt uw advertentie mogelijk bovenaan de pagina met zoekresultaten weergegeven .

Amazon Product Display-advertenties: dit zijn beeldadvertenties die worden weergegeven op productdetailpagina's en in productzoekresultaten. Ze zijn een goede manier om uw producten te promoten bij kopers die al geïnteresseerd zijn in wat u te bieden heeft.

Amazon Headline Search Ads: dit zijn tekstadvertenties die

bovenaan de zoekresultatenpagina's van Amazon verschijnen. Ze zijn een goede manier om uw producten te promoten bij kopers die op specifieke zoekwoorden zoeken. Amazon-videoadvertenties: dit zijn videoadvertenties die verschijnen op de website en mobiele app van Amazon. Ze zijn een goede manier om uw producten te promoten bij kopers die op zoek zijn naar boeiende en informatieve inhoud. Amazon Display & Video Creative Studio: Dit is een selfservicetool waarmee u uw eigen Amazon-advertenties kunt maken en beheren. Het is een goede optie voor bedrijven die meer controle willen hebben over hun advertentiecampagnes.

Bij het maken van uw Amazon-advertenties is het belangrijk om het volgende in gedachten te houden:

Target uw advertenties op de juiste doelgroep: zorg ervoor dat uw advertenties worden weergegeven aan mensen die waarschijnlijk geïnteresseerd zijn in uw producten. U kunt dit doen door uw advertenties te targeten op basis van zoekwoorden, demografische gegevens en interesses.

Gebruik een duidelijke en beknopte advertentietekst: Uw advertentietekst moet duidelijk en beknopt zijn en de voordelen van uw producten benadrukken.

Gebruik afbeeldingen en video's van hoge

kwaliteit: uw afbeeldingen en video's moeten van hoge kwaliteit zijn en relevant zijn voor uw producten.

Houd uw resultaten bij: Het is belangrijk om de resultaten van uw Amazon-advertenties bij te houden, zodat u kunt zien wat werkt en wat niet. Hiermee kunt u uw campagnes optimaliseren en het maximale uit uw advertentiebudget halen.

Door deze tips te volgen, kun je effectief adverteren op Amazon.com en je doelgroep bereiken.

WAT ZIJN DE VOOR- EN NADELEN VAN HET SERIALISEREN VAN EEN BOEK?

Er zijn zowel voor- als nadelen verbonden aan het serialiseren van een boek.

Voordelen:

Creëert anticipatie: het serialiseren van een boek kan helpen anticipatie op het eindproduct op te bouwen. Dit komt omdat lezers reikhalzend uitkijken naar het volgende deel, wat kan helpen een gevoel van opwinding en spanning te creëren.

Verhoogt de betrokkenheid: het serialiseren van een boek kan ook helpen de betrokkenheid bij lezers te vergroten. Dit komt omdat de kans groter is dat lezers terugkomen naar het boek als ze weten dat er nog meer inhoud zal komen.

Maakt feedback mogelijk: het serialiseren van een boek kan ook feedback van lezers mogelijk maken. Dit komt omdat lezers hun gedachten en meningen over het boek kunnen delen terwijl het wordt uitgebracht, wat de auteur kan helpen het boek te verbeteren.

Nadelen:

Het schrijven van een serie kan lastig zijn om bij te houden. Het serialiseren van een boek kan lastig zijn om bij te houden, vooral als het boek lang of complex is. Dit komt omdat lezers regelmatig nieuwe inhoud verwachten , en de auteur zal aan die verwachting moeten kunnen voldoen.

Kan moeilijk op de markt te brengen zijn: Het serialiseren van een boek kan moeilijk op de markt te brengen zijn, vooral als het boek niet zo bekend is. Dit komt omdat lezers zich er misschien niet

van bewust zijn dat
het boek in serie
wordt uitgegeven, en
omdat ze misschien
niet geïnteresseerd
zijn in het starten van
een boek waarvan ze
weten dat ze het niet
onmiddellijk zullen
kunnen uitlezen.

Het kan lastig zijn
om het af te maken:
Het serialiseren van
een boek kan lastig

zijn om af te maken, vooral als de auteur zijn interesse in het project verliest of als hij/zij tegen creatieve obstakels aanloopt. Dit komt omdat de auteur het project moet kunnen volhouden totdat het klaar is, ook al duurt het lang.

Uiteindelijk is de beslissing om een boek al dan niet in serie te zetten een persoonlijke beslissing. Er zijn zowel voor- als nadelen waarmee u rekening moet houden, en de beste optie voor u hangt af van uw specifieke behoeften en doelen.

Hier volgen enkele aanvullende zaken waarmee u rekening moet houden bij de beslissing om een boek wel of niet in serie te zetten:

Het genre van het boek: Sommige genres zijn geschikter voor serialisatie dan andere. Geserialiseerde fictie kan bijvoorbeeld een geweldige manier zijn om anticipatie en spanning op te bouwen, terwijl geserialiseerde non-fictie een geweldige manier kan zijn om lezers regelmatig op de hoogte te houden van een bepaald onderwerp.

Uw doelgroep: Uw doelgroep zal ook een

rol spelen bij de beslissing om uw boek wel of niet in serie te zetten. Als uw doelgroep bestaat uit mensen die gewend zijn inhoud in geserialiseerde vorm te consumeren, kan het serialiseren van uw boek een goede optie zijn. Als uw doelgroep echter niet gewend is inhoud in een geserialiseerd formaat te consumeren, is het serialiseren van uw boek wellicht niet de beste optie.

Uw eigen voorkeuren: Uiteindelijk is de beslissing om een boek al dan niet in serie te zetten een persoonlijke beslissing. Als u zich op uw gemak voelt bij het idee om uw boek te serialiseren en u denkt dat dit de beste manier is om uw doelgroep te bereiken, ga er dan voor. Als u zich echter niet op uw gemak voelt bij het idee om uw boek te serialiseren of als u denkt dat dit niet de beste manier is om uw doelgroep te bereiken, doe het dan niet.

ANDERE BOEKEN VAN DEZELFDE AUTEUR

vertrouwde geesten.

3. DE SNELSTE MANIER OM MENSEN DISCIPELIG TE MAKEN.

4. Hoe je meedogenloos omgaat met de geest van rijzen en vallen

5. WAT ZAL GOD PASTOREN VRAGEN OP DE DAG VAN HET OORDEEL?

6. DE GROOTSTE FOUTEN DIE DE JONGEREN VAN VANDAAG MAKEN

7. DE GROOTSTE WAPENS DIE JEZUS ONS GAF

8. HOE U UW KINDEREN kunt versterken.

9. Hoe je meedogenloos omgaat met plotselinge

stomheid bij je vrouw.

10. WAAROM IK CHATGPT VAN MIJN TELEFOON HEB VERWIJDERD.

11. Hoe je meedogenloos omgaat met kwaden die 's nachts toeslaan

OP
UITBUITING.

15.   HOE TE
WETEN OF
EEN MEISJE
EEN
HUISVROUWM
ATERIAAL IS

OVER DE AUTEUR

Door de jaren heen heeft New Dimensions Ministries haar studenten financiële informatie gegeven. De reden hiervoor is dat Ministry maar 3 poten heeft, namelijk; Integriteit, zalving en evangelisatie.